T0370483

Ojos bienaventurados

Trazos y algo más

Joel López Pérez

Para realizar pedidos de este libro, contacte con:
Palibrio LLC
1663 Liberty Drive
Suite 200
Bloomington, IN 47403
Gratis desde EE. UU. al 877.407.5847
Gratis desde México al 01.800.288.2243
Gratis desde España al 900.866.949
Desde otro país al +1.812.671.9757
Fax: 01.812.355.1576
ventas@palibrio.com

Contenido

Prólogo 3
Capítulo I 9
   Dama Luna 9
Capítulo II 11
   Barro 11
Capítulo III 14
   Despertar 1994 14
Capítulo IV 16
   Eros creando a Susana 16
Capítulo V 18
   Hipnos 18
Capítulo VI 21
   Indócil 21
Capítulo VII 24
   Tánatos 24
Capítulo VIII 27
   Unita 27
Capítulo IX 29
   Valum Votán (Transmutación) 29
Capítulo X 32
   Ayer 32
Capítulo XI 34
   De exportación 34
Capítulo XII 36

SS 36

Capítulo XIII 39
Queda la música 39

Capítulo XIV 41
Diálogo 41

Capítulo XV 45
Valquiria 45

Capítulo XVI 48
El juego 48

Capítulo XVII 52
Fascinación (Señuelo) 52

Capítulo XVIII 54
Concesión 54

Capítulo XIX 57
Desolación 57

Capítulo XX 59
Aurora de la paz 59

Referencias 62

Prólogo

Bienvenidos a este viaje entre el hiperrealismo, un intento de simbolismo, la impresión y la expresión, travesía que se aborda desde la perspectiva de alguien que los invita a mirar lo que ha escuchado con sus ojos, de uno cualquiera que lejos de aspirar a llamarse pintor, entreteje estos símbolos tomando prestadas las palabras, ideas e imágenes de otros viajeros del tiempo que se han detenido a escuchar con los ojos, asiendo la ocasión por los cabellos para utilizar estos quinqués como los oídos de las palabras, y tímpanos de las voces.

Este libro y la obra pictórica que lo acompañan es un intento de pintar algo que se sabe de antemano inexistente, en una necedad por palpar a esa loca de remate que es la realidad mientras se rasca en el inconsciente, pincel en mano, buscando una manera de acariciarla o de pretender un mimo a ese escurridizo deseo, que ansía gritar: ¡Avisen a alguien, que yo estoy aquí! Que, en palabras de Eduardo Galeano, es un sueño "Como sueña una pulga con comprarse un perro" (Galeano, 2000). Tal vez perdido en una insistencia inútil pero que se hace necesaria a pesar de saber que cuanto se haga es ocioso, y sabiendo de buena tinta y de antemano, que el intento de moldear la realidad es un acto inútil, mientras prosigo en un desatino de necio para hacer como si no lo supiera, o ambicionando ignorarlo en el entendido que sus dueños, los poderosos indignos y pesados, son los que establecen las reglas a sus escultores. Prueba de lo anterior es la dificultad que se tiene para entrar a casi cualquier edificio donde se construye la realidad, allí en cuyas puertas siempre hay un custodio que nos requiere para el acceso, la credencial que proporciona evidencia de inocuidad para el sistema. Y yo sigo aquí en un conato de alevosía contra las prisiones construidas para enclaustrar el cuerpo y aquellas que buscan enterrar en vida el alma.

Reconozco que es tarea del artista hacer de su obra una expresión del inconsciente colectivo de la capa social que representa, faena de suma dificultad en un mundo en donde la cultura arriesga su intento de representar la realidad, cuando debería ser un cincel que pueda esculpir un mundo nuevo, un mundo en el que los productos que inundan el mercado "cultural" solo sirven para forjar la desmemoria en el vencido.

Así pues, si en algo aportan estas alegorías a la función de desalambrar conciencias, si de ellas surge algo más que un pensamiento, una inspiración, una cinta, un color que señale primacía entre los hombres, cosa que a casi todos complace, todos la buscamos, y todos gozamos en ellas en una relación proporcional con la finura de los medios empleados para conseguirlas. En el entendido de que la gloria que la sociedad discierne a estos personajes que la han servido, también está en función de las ventajas que ella saca de sus servicios y representa una compensación a las resistencias que encontraron en su ejecución. Porque la historia oficial, memoria mutilada, es una larga ceremonia de autoelogio de los mandones que en el mundo son.

En este andar entre señales y manchas sobre lienzos, he retomado las palabras de otros cabalgantes del tiempo que incorpóreos se han vuelto mis contemporáneos para construir un mensaje en este caos de tintes y trementina. Este recado que intenta llegar a ti, porque eres tú quien puedes ver, porque de ojos somos, nuestros ojos son pedacitos de tiempo y esos quinqués del tiempo caminan en nuestros pies. A la corta o a la larga, ya se sabe, los vientos del tiempo borrarán las huellas mientras las bocas del tiempo, al ir contando el viaje que vieron esos candiles que no nos han podido apagar como lo señala Eduardo Galeano.

En este humano asunto, como el que trata el poeta cuando en sus líneas demandó "no me lo pidan" (Neruda, 1977a), me propongo reivindicar un pacto de amor con la hermosura y uno de sangre y pasión con mi pueblo, sabiendo como bien lo sabía el bardo, que el destino natural de las obras pictóricas y el de los libros es la hoguera. Aun así, busco que el sino de estos manchones sobre los lienzos que presento se encuentren con los ojos de mis amigos, que en estos tiempos por venir, los suyos, en un mundo donde a la traición se le llama realismo, donde el término "pobres" ofende tanto a quienes los producen como a quienes intentan escapar de la cada vez más tenue línea que los separa de los que menos tienen y por ello prefieren llamarlos: carentes, o carenciados, o personas de escasos recursos, aun cuando se trata de los legítimos propietarios. Los que tienen, pueden seguir produciendo más desheredados, pero el vencido no está del todo vencido hasta que le cierran la boca. Y si se nos niega la boca, hablaremos por las manos, o por los ojos, o por los poros, o por donde sea, porque todos, toditos, tenemos algo que decir a los demás. Decir de nuevo, por ejemplo, como lo ha remarcado Eduardo Galeano del que recientemente extrañamos una parte de su ser que nos ha dejado huérfanos "la verdad está en el viaje, no en el puerto" (Galeano, 1998).

Estas líneas y el material que las acompaña cuentan historias que vi, viví, escuché o imaginé. En algunos casos, se nombran sus fuentes, pero las más son vagas lagunas de mi memoria, por ello es que quiero pedir perdón y dar las gracias a los muchos que me inspiraron con sus ideas, sus acciones y sus omisiones y que no están aquí mencionados. Como ya se habrá notado, en particular he retomado varias ideas de distintos escritos de Eduardo Galeano que a su vez señala haberlas recibido de diferentes voces del tiempo y de la sabiduría popular de nuestra américa latina. Y espero con ello estar cumpliendo con el papel de un hombre de carne y hueso, que sólo recoge las palabras de sus contemporáneos para lanzarlas de nuevo un paso más adelante. En un intento de imprimirles un soplo, un breve aleteo que las mueva aunque sea un poquito. "Dicen que los niños al nacer mueven sus brazos como alitas buscando el abrazo y dicen también que los difuntos en su último movimiento estiran sus remos en la misma posición con la que iniciaron su travesía en este mundo de aire, de manera que al final nada queda, entre dos aleteos, sin más explicación, transcurre el viaje" (Galeano, 2004).

Así, mientras unos miran cómo se ven y otros miramos la mirada. Al final lo único que sé, es que el arte es arte, o es mierda. Y cada artista en el crepúsculo, al final del trayecto, deberá reconocer de qué lado estuvo. Y si ponemos como pretexto la censura, aunada a la autocensura, la libertad puede significar el derecho a decirle a la gente lo que no quiere oír o lo que es lo mismo, mostrar lo que no se quiere ver, y tal vez esto cause dolor, pero libertad es poder decir libremente que dos y dos son cuatro. Si se concede esto, todo lo demás vendrá por sus pasos contados (Orwell, 2009).

En cuanto a los muchos que participaron en la construcción de este proyecto y con el consabido riesgo de parecer desagradecido, habré de mencionar a algunos de ellos: Iniciando con las viñetas o comics de las décadas de 1960 y posteriores, en las que "Kalimán" (de Rafael Cutberto Navarro y Modesto Vázquez González 1965-1990), "El Payo ¡Un hombre contra el mundo!" (De Guillermo Z. Vigil y Ángel Mora), Chanoc (de Martín de Lucenay, con dibujos de Ángel Mora (1959), obra continuada por Pedro Zapiain Fernández); Así como "Lágrimas y Risas" de Yolanda Vargas Dulché de la Parra (1926-1999) y otros grandes creadores de magnos "besadores" de la época que fueron los maestros de mi generación en el arte del dibujo de parejas de perfil en pleno beso. Estas historietas fueron episodios que hacían historia y que tal vez por eso mismo, murieron a manos del imperio que siempre está al pendiente de borrar hasta el menor indicio de memoria. Y desde luego que era difícil la subsistencia de cualquier producto teórico ideológico que llevara en su propio título una leyenda como la de "un hombre contra el mundo" por ejemplo y más dificultoso sobrevivir aún si un comic como el de "El Payo" representaba "una solución popular a la lucha mexicana entre los roba tierras y los descamisados" como lo señala (Hinds, 1982).

Algunos años después de las décadas doradas en las que los estudiantes nos abrazábamos creyendo que la razón iba a vencer, encontré más asesores, algunos de éstos de carne y hueso y a los que pude tratar cara a cara, ellos me apoyaron en el intento de aprender técnicas de dibujo y pintura. Entre mis mentores estuvo Rafael Rojo Montoya, que con su peculiar estilo y paciencia logró que renaciera en mí el interés por esta expresión artística. Participó también en mi formación la maestra Constanza Camberos en la Universidad Autónoma de Guadalajara, con cuya asesoría aprendí algunas cosas que intuía desde mi niñez y que resurgieron en su taller, la principal, para mi conveniencia, fue que "la primera regla en pintura es que no hay reglas". Y desde luego que hay muchos maestros más a los que acudí en el momento en que los necesitaba, a la mayoría de ellos les debo el crédito pero les tengo gran agradecimiento aunque sin sus datos individuales, porque sé que todos ellos continúan aportando a mi formación y a la de cualquiera que se aventure en el aprendizaje de estos artificios, estos profesores están disponibles en diversos videos a los que generalmente se accede de manera gratuita en la Internet, particularmente en la comunidad virtual de YouTube (https://www.youtube.com).

Capítulo I

Dama Luna

Figura 1: Dama luna.

Autor: Joel López-Pérez (2013).

Técnica: Óleo sobre tela.

Medidas: 70 x 50 cm.

Serie: Ojos bienaventurados.

1 Dama luna

La luna es el enigma perfecto al que licántropos, poetas y demás creadores han culpado de sus desvaríos, es responsable de la belleza hipnótica y de la razón oscura que oculta las más bajas inclinaciones, a cada una de sus fases se les atribuye todo lo bueno, pero también se le imputa de todo lo ruin que se consigna a sus caprichosos amoríos con el astro que le presta su brillo, sin pensar que ella ha calado tan profundo en cada uno de nosotros, que nosotros somos ella como ella es nosotros. Su hermosura cautiva a las aves nocturnas y a los que insomnes erramos dirigidos por su luz en esta penumbra permanente en la que intentan mantenernos.

La belleza es una necesidad del alma incluso en un mundo donde el servilismo es alta virtud o prueba de talento, en este mundo en donde quien no se vende, se alquila, mientras que todo se pueda disimular detrás de un antifaz. Porque sólo los pobres están condenados a ser feos y viejos. Los demás pueden comprar las cabelleras, narices, párpados, labios, pómulos, tetas, vientres, culos, muslos o pantorrillas que necesiten, para corregir a la naturaleza y para detener el paso del tiempo. Los quirófanos de los cirujanos plásticos son los shopping centers donde se ofrece la cara, el cuerpo y la edad que usted estaba buscando como lo señala Galeano, pero aun en este mundo de bellas y reformados a cuchillo, la luna no puede quedarse sin encomienda y siempre habrá desvelados que haciendo pactos, aunque éstos sea visiblemente desventajosos sigan buscando en las noches de luna, una pócima de consuelo al ladrarle a este espejo de nuestra conciencia.

Capítulo II

Barro

Figura 2: Título: Barro.
Autor: Joel López-Pérez (2014).
Técnica: Óleo sobre tela.
Medidas: 80 x120 cm.
Serie: Ojos bienaventurados.

2 Barro

Todos procedemos del mismo barro, los que tienen y los que no tienen, los paramilitares que sobreviven matando y los luchadores sociales, que por el contrario tratan de elevar las voces de los derrotados. Los que matan y los que mueren de muerte matada. Somos iguales, procedemos de la misma masa, pero a algunos se les obliga a cometer crímenes que los suicidan, en una treta sencilla en la que basta con negarles todo amparo para luego ataviarlos en ropa reglamentaria y mandarlos, fusil al hombro, a matar a otros desheredados o a morir defendiendo al sistema que los niega.

En este mundo, las malas palabras ya deberían estar en desuso, éstas, además de resultar obscenas para el oído casto, lastiman el intelecto de los inhumanos, de los crueles, de los soberbios, ahora en el nuevo mundo inventado por la tranpantalla, se está construyendo un nuevo lenguaje, palabrotas como las de "paramilitares" que han sido difíciles de erradicar (las palabras, no piensen mal) en la mayoría de los países del cono sur, en México ni siquiera han obtenido el permiso para nacer. En una estrategia de limpieza para conservar nuestro lenguaje blanco níveo y puro, los que cortan cabezas humanas aquí, son miembros del "crimen organizado" o "enemigos", no se equivoquen y vayan a cambiarles su apelativo formal. Porque milicos y similares no atentan contra los derechos; "defienden la vida y la libertad" y al enfrentarse con criminales "el Ejército, modestia aparte, siempre gana" (Urrutia. A. Carrizales, 2010) como usaba comentar un expresidente de México tristemente célebre por haber sembrado nuestro suelo con más de 80 mil jóvenes asesinados. Mientras sus testaferros aseguraban: "no venimos en actitud de represión" (Aranda, 2010).

En aras de la defensa de la vida, el mundo se vuelca y revuelca con recuerdos de nombres correctos y bien avenidos, por ejemplo: se llamaba "Paz y Justicia" el grupo paramilitar que, en 1997, acribilló por la espalda a cuarenta y cinco campesinos, casi todos mujeres y niños, mientras rezaban en una iglesia del pueblo de Acteal, en Chiapas. Y todo ocurre entre hombres de barro, del mismo barro: Si fuimos moldeados en el mismo tiesto y con la misma tierra ¿Cómo es que vamos en sentidos tan opuestos? Digna fue sacrificada por el significado de su nombre y por su búsqueda de la elusiva libertad, tal vez en su ejecución hubo una confusión del lenguaje, ya que treinta años antes de su muerte, se sabía que "Dignidad" era el nombre de unos de los campos de concentración de la dictadura chilena y "Libertad" se llamaba la mayor cárcel de la dictadura uruguaya.

En esta impetuosa vorágine se vuelve cada día más común escuchar, proveniente de unos marginados de siempre a otros marginados de siempre, expresiones como: "¡Pinches indios, chinguen a su madre!, ¡pinches güevones!, ¡lárguense a trabajar a sus pueblos!" (Avilés, 2013). Sucede todos los días y en cualquier lugar de nuestra América, tal vez será porque todos somos testaferros, algunos quisiéramos serlo de las cosas buenas como el callejero de Alberto Cortez, pero otros lo son del señorío. Y así, desde al asesinato de Epifania por integrantes del Ejército Federal mexicano el 23 de mayo de 1962, siguiendo por una larga lista de cientos de mujeres que han muerto de muerte matada, hasta el lugar de este macabro inventario donde aparece el nombre de Digna, mujer que vivió luchando contra los indignos, se siguen acumulando huesos femeninos en la memoria.

Capítulo III

Despertar 1994

Figura 3: Despertar 1994.
Autor: Joel López-Pérez (2013).
Técnica: Óleo sobre tela.
Medidas: 65 x 125 cm.
Serie: Ojos bienaventurados.

3 Despertar 1994

El primero de enero de 1994 el mundo escuchó una voz que parecía venir de los sin voz, de los no gente, de los que siempre estaban pero nunca estuvieron, de aquellos que siempre escuchaban y callaban. Despertar 1994 es una alegoría representada por una adolescente que nació el primero de enero de ese año y cuyo parto obligó al imperio a replantearse las técnicas de encuadramiento, ya que una vez más se cumplía la premisa de las ciencias sociales en relación con el extinto o al menos degradado San Jorge: "*Cada dragón crea un San Jorge que lo mata*".

Cada pueblo oprimido se rebela, pero solo si escapa de las garras de la tranpantalla que nos mantiene dormidos al igual que se mantiene a los tigres que se muestran al público caminando como zombis que aseguran estar vivos y aún hasta despiertos, como se da constancia en cada *reality show* que inunda nuestra consciencia.

Capítulo IV

Eros creando a Susana

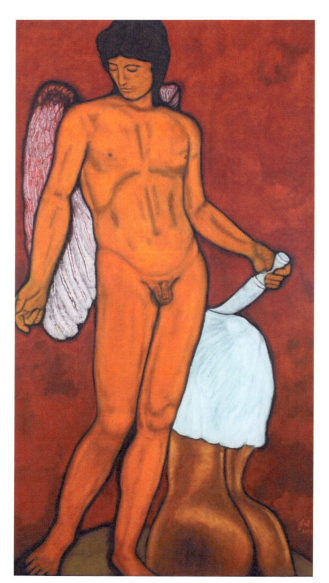

Figura 4: Eros creando a Susana.

Autor: Joel López-Pérez (2013).

Técnica: Óleo sobre tela.

Medidas: 120 x 65 cm.

Serie: Ojos bienaventurados.

4 Eros creando a Susana

"No hay esperado que no sea esperador ni amante que no sea boca y bocado"

(Galeano, 2000).

Eros es el creador de la pequeña muerte, dios del amor, que es sordo al Verbo divino y al conjuro de las brujas. Pequeña muerte, la llaman; pero grande, muy grande ha de ser, si matándonos nos nace. Por eso Eros ha creado seres como Susana, que así se llamaba la tía del célebre hijo de Escuinapa, el sinaloense Dámaso Murúa Beltrán, alias "El Güilo mentiras". En palabras de Eduardo Galeano esta tía Susana "tuvo en sus buenos tiempos el culo más incendiario de cuantos se hayan visto llamear en el pueblo de Escuinapa y en todas las comarcas del golfo de California".

Eros creando a Susana es la representación de quien dirige, desde abajo al que se cree dirigente, es decir Eros, que es el hijo de Poros y Penia, es decir, un híbrido concebido entre la abundancia y la pobreza, un ser antiguo y actual que también ha recibido como apelativos los de: Dionisio, Eleuterio, 'el libertador', Cupido o 'deseo', y también algunos nombres que tienen cierto parecido a la palabra "Amor". Se dice que fue hijo de Afrodita, la diosa de la belleza, el amor, el deseo y que fue engendrado con ella por Ares, el dios olímpico de la guerra, y personificación de la brutalidad y la violencia. Pero hay quien asegura fue concebido por Poros (la abundancia) y Penia (la pobreza) en el cumpleaños de Afrodita ivaya usted a saber que enredos causa este travieso!

Capítulo V

Hipnos

Figura 5: Hipnos.

Autor: Joel López-Pérez (2015).

Técnica: Óleo sobre tela.

Medidas: 100 x 65 cm.

Serie: Ojos bienaventurados.

5 Hipnos

Se puede vivir si un ser superior que dicte normas desde este modelador de mentes, este adorado tótem de nuestro tiempo que es la tranpantalla, el medio que con más éxito se usa para imponer, en los cuatro puntos cardinales, los ídolos, los mitos y los sueños que los ingenieros de emociones diseñan, mismos que las fábricas de almas producen en serie, pero no sin tele. Desde muy temprano, los niños son amaestrados para reconocer su identidad en las mercancías que simbolizan el poder, y para conquistarlas a tiro limpio, porque el consumidor ejemplar sólo se baja del automóvil para trabajar y para mirar televisión (Galeano, 1998).

Ahora, por favor dime tus secretos, ¡o mejor no! te los diré yo, yo que dirijo tu "educación": El predominio de la pedagogía de la televisión cobra alarmante importancia en los países latinoamericanos, por el deterioro de la educación pública en estos últimos años que nos han impuesto esta soga, atados al collar electrónico, los niños dedican a la televisión cuarenta veces más tiempo que a las conversaciones con los padres.

En estos tiempos en los que el llamado mundo libre ha perdido las justificaciones mágicas que hasta hace poco proporcionaba la santa cruzada de Occidente contra el totalitarismo imperante en los países del este. Hoy que ya no nos asustan con la amenaza de los rusos, más bien, en su lugar en su tiempo aire, entre aviso y aviso, la televisión suele colar imágenes de hambre y de guerra. Esos horrores, esas fatalidades, vienen del submundo donde el infierno acontece, lejos, muy lejos de nuestra alacena y de nuestro flamante refrigerador, mientras que el resto del tiempo se usa para destacar el carácter paradisíaco de la sociedad de consumo, que ofrece automóviles que suprimen la distancia, cremas faciales que suprimen las arrugas, tinturas que suprimen las canas, píldoras que suprimen el dolor y muchos otros prodigios.

En un continente donde tantísima gente no tiene otra escuela que la calle, ni más médico que la muerte, sus dueños apelaban por la educación popular porque temían que "este país se esté llenando de miles y millones de votantes, y se debe educarlos para que no nos salten al cuello" ahora que a todos nos ata la tranpantalla ya no parece ser necesaria esta premisa. Ya que podremos tener ciudadanos correctamente educados y así al limitar sus perspectivas y entendimiento, desalentar el pensamiento libre e independiente, y enseñarles obediencia. porque la guerra es la continuación de la televisión por otros medios. Una guerra que nunca termina y que día a día asesina lo humano que aún nos queda, este es Hipnos de nuestros tiempos, el hijo de la noche, el que no tuvo padre.

Capítulo VI

Indócil

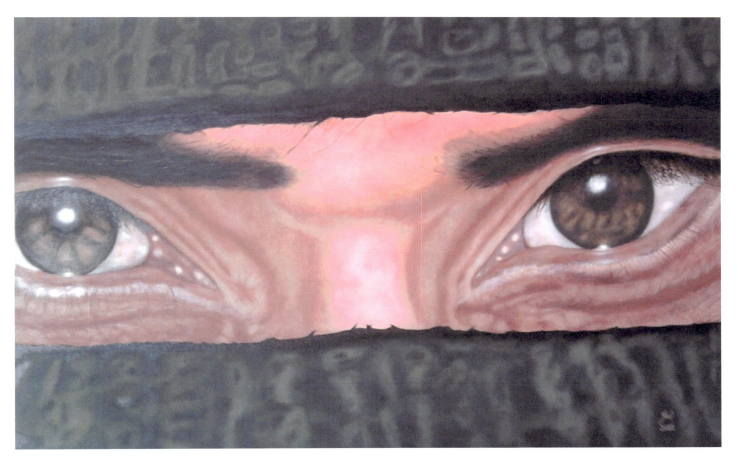

Figura 6: Título: Indócil.
Autor: Joel López-Pérez (2011).
Técnica: Óleo sobre tela.
Medidas: 80 x 120 cm.
Serie: Ojos bienaventurados.

6 Indócil

La niebla es el pasamontañas que usa la selva para recordarnos que hay alguien detrás de esta cortina, seres que, antes mudos, han empezado a tomar la palabra para decirle al mundo "estamos aquí" somos seres vivos y no menos importantes que los animales que se exhiben en la TV por estar en peligro de extinción, somos sólidos lo mismo que los pájaros "rescatados" en los *reality show* de programas "científicos" de la tele. Existimos también como constan los perros maltratados cuyas historias impiden ver las de los niños que mueren cada día de hambre o de muerte matada a manos de los escuadrones de la muerte. Estamos en este mundo y desde aquí vemos y queremos seguir viendo el espectáculo del hombre.

Porque no somos como las águilas cetreras que viven entre la oscuridad y el ruido, no somos de esas aves que con la vista obstruida reciben "premios" o promesas de premios todos los días, de manera que estas infelices no se dan cuenta que pueden vivir sin el amo. Si se llegaran a hacer conscientes de que eso es posible lo abandonarían en la primera cacería, producto de la cual desconocen que sólo reciben una centésima parte del botín. No, no estoy tomando una posición sexista, estoy hablando de los cerebros de águila, que desde sus primeros días de vida son sometidos a los ruidos de la tranpantalla y luego mediante el sistema de "jugosos premios" son convencidos de continuar haciendo lo que tienen que hacer para que los cetreros vivan y sean reconocidos a su vez por el esfuerzo de sus águilas.

El proceso de "domesticación" inicia en la cuna y continúa sin prisa pero sin pausa en las instituciones que se encargan de moldear las estructuras cerebrales de nuestros hijos, ante la promesa de seguridad contra lo peligroso que significa ver el mundo, esa empresa que hacen ver como "imposible" para quienes no nacieron "superdotados" o súper-lisiados como los grandes próceres de la historia, de los que además hay que aprender las biografías inventadas por el sistema para que quede claro que el mundo no es para todos.

A estas alturas tal vez sean pertinentes las preguntas:

¿De qué nivel tiene que ser la resiliencia de nuestros cerebros para escapar como un águila de cetrería que recupera su libertad?

¿Cuántas águilas chocan contra su consciencia en un vuelo rentado y por accidente salen de la ruta planeada por otros?

¿Qué pensamientos caben en la cabeza de un águila que ha escapado a lo que hasta ayer era normal?

¿Podrán estas criaturas adaptarse a la vida en libertad?

Si al igual que las águilas cetreras sabemos que desde nuestra infancia hemos sido cegados para que aprendamos el peligro que encierra el caminar y ese peligro lo enfrentamos a cada paso en el que los obstáculos inventados por nuestros guardianes nos hacen tropezar y caer y golpearnos contra barreras contranaturales que se van haciendo reales para nuestro entendimiento.

¿Cómo veremos el mundo cuando estas barreras desaparezcan?

¿Será un mundo habitable?

Pero dejemos que la palabra vaya y venga, sorteando obstáculos, permitamos libre paso a la expresión que se vaya para otros lados y no importa si alguien la recoge y la lanza de nuevo que para eso son las señales, los símbolos y las ideas.

Capítulo VII

Tánatos

Figura 7: Tánatos.
Autor: Joel López-Pérez (2014).
Técnica: Óleo sobre tela.
Medidas: 125 x65 cm.
Serie: Ojos bienaventurados.

7 Tánatos

Los sin (Galeano, 1998)

Son como abejas, abejas que crecen, zumban y zumban. En América latina, son una peligrosa especie en expansión:

Las organizaciones de los sin tierra y los sin techo, los sin trabajo, los sin.

Los jóvenes expulsados por el sistema educativo y que no tienen trabajo ni posibilidad de encontrarlo.

Los pañuelos blancos de las madres y las abuelas enemigas de la impunidad del poder.

Los movimientos que agrupan a los vecinos de los barrios.

Los frentes ciudadanos que pelean por precios justos y productos sanos.

Los que luchan contra la discriminación racial y sexual.

Los que están contra el machismo y contra la explotación de los niños.

Los promotores de salud y los educadores populares;

Los que desencadenan la creación colectiva y los que rescatan la memoria colectiva.

Los intentos de comunicación masiva comunitarios.

Las muchas voces de la participación popular, que no son ruedas auxiliares de los partidos políticos, ni capillas sometidas a ningún Vaticano.

Ellos son la voz del silencio. Ellos, los obligados al silencio, ellos son los que más voz tienen. Dicen por lo que hablan, dicen por lo que callan. Ellos los que están en contra de la pena de muerte que se aplica en tantos lugares de una América que repudia la barbarie de otros por una penalidad que no se aplica de vez en cuando, sino de manera sistemática: achicharrando negros en las sillas eléctricas de los Estados Unidos, masacrando indios en las sierras de Guatemala, acribillando niños en las calles de Brasil, desapareciendo estudiantes en México. Mientras Tánatos mira hacia el dominio de sus hermanas amantes de la sangre, ellas las Keres, son la muerte violenta asiduas a los campo de batalla y Tánatos como la paciente muerte, espera.

Capítulo VIII

Unita

Figura 8: Título: Unita.
Autor: Joel López-Pérez (2015).
Técnica: Óleo sobre tela.
Medidas: 80 x 110 cm.
Serie: Ojos bienaventurados

8 Unita

"La memoria del corazón duele dondequiera que se le toca y debo admitir mi debilidad de carne y aquella gula que me agobia desde la primera vez que le vi cuando, confieso, el canibalismo no me pareció tan mal"

(Galeano, 2004).

Unita es como muchas mujeres viviendo dentro de una sola. Unita, porque ella duele como nunca nadie había dolido. Ella es un rompecabezas, una unidad y lucha de contrarios construida a partir de piezas de una historia, es aquella que pretende ser una, pero sólo una criatura, tan chiquilla como nuestra Latinoamérica, pequeña y lejana región del mundo donde el idioma de los conquistadores se funde con las lenguas originales para reinventarse y generar formas poéticas que llegan a serlo a veces en una sola palabra. Diminutivos tan tiernos y amorosos que se enfrentan a la lógica de las matemáticas, tan precisos como aquellos que empequeñecen a la unidad misma, al principio mismo.

En Suramérica los pueblos andinos convierten en más pequeño lo pequeño, el propio número uno se empequeñece al ser "unito" y la ternura se hace mayor en una nueva unidad. Unita es como una muñeca rusa, una matrioska que a pedazos lleva dentro de ella a otra y ésta a su vez contiene otra y ésta a la siguiente y así cada una es otra más.

Capítulo IX

Valum Votán (Transmutación)

Figura 9: Título: Valum Votán (Transmutación).
Autor: Joel López-Pérez (2014).
Técnica: Mixta: Óleo sobre tela/Hoja de oro.
Medidas: 90 x 110 cm.
Serie: Ojos bienaventurados

9 Valum Votán (Transmutación)

Valum Votán es el corazón del pueblo que mantiene los cargos sagrados del misterio, es la luz que de lejos vino y aquí nació, de nuestra tierra por eso Valum Votán también es el guardián y el corazón de la palabra y de lo que han visto mis ojos, tal vez *K'inich Janaab' Pakal* trajo algunas palabras a mí, y tal vez seres más terrenales me vengan a reclamar su autoría, yo sólo les digo que las recogí en mis andares y ante todos reconozco que no son mías, son sus palabras y estos cuadros que ahora pueden ustedes observar, no son míos, son imágenes a las que yo sólo les he dado una humilde perspectiva.

K'inich Janaab' Pakal "Pakal el Grande"

Pakal Votán, tú que vienes de otra dimensión
Tú que te encarnas en hombre,
En hombres y mujeres de barro y de bronce,
Tú que eres un enigma para los hombres de razón,
Eres un testigo especial del tiempo,
Floreces en aquel que aprecia tu legado de la piedra parlante.
Guerrero sagrado en combate divino
Permite en esta transmutación redimirnos de nuestro pasado
Vuelve para hacernos hombres
Préstanos tu escalera al cielo y tu oído para
escuchar el espíritu de la tierra.

Valum Votán, tus hijos, los indóciles de hoy, tienen una paradoja, la singularidad de la guerra de los más pobres de los pobres: "si perdemos, ganamos; y si ganamos, ganamos". La clave está en que la nuestra es una guerra que no pretende destruir al contrario en el sentido clásico. Es una conflagración para dejar de ser lo que ahora somos y así ser lo que debemos ser. Y yo sólo le pido a dios, a *Valum*, a *Pakal* el Grande, el chiapaneco... que la guerra no me sea indiferente.

Capítulo X

Ayer

Figura 10: Título: Ayer.
          Autor: Joel López-Pérez (2014).
          Técnica: Mixta Acrílico/Óleo sobre tela.
          Medidas: 40 x 50 cm.
          Serie: Ojos bienaventurados.

10 Ayer

Somos lo que hacemos para cambiar lo que somos, sólo el ayer nos mantiene con los ojos cerrados, como a las águilas cetreras. "Aunque estamos mal hechos, no estamos terminados; y es la aventura de cambiar y de cambiarnos la que hace que valga la pena este parpadeo en la historia del universo, este fugaz calorcito entre dos hielos, que nosotros somos" (Galeano, 1998).

Lo que hoy es y debería dejar de ser para convertirse en ayer tiene que ver con la lógica más elemental, por decir algo la lógica matemática, una en la que los números puedan cuadrar, un sistema que reconozca por poner un ejemplo, los derechos del hombre como tal, es decir, como hombre y como mujer, un mundo donde las mujeres, dejen de ser consideradas como minorías, uno donde la mitad masculina de la humanidad tenga el mismo valor y derechos que la otra mitad. Un cosmos donde deje de verse a los hombres como si fueran todo el mundo, uno en el que la equidad permita que el hombre se vuelva un ser animado racional, varón o mujer o niño o anciano pero todos iguales, todos lucecitas, todos fuegos de todos. Y de esa manera construir una memoria colectiva donde todo esté lleno de gente, al punto que la gente se le salga por los poros a todos, un mundo formado por un océano de gente, un mar de fueguitos, uno donde el único susto que pueda sorprendernos sea el de la libertad, como una síntesis entre el sueño y la vida.

Un camino como el de aquella que a lo largo de su viaje iba siempre acompañada por los ecos de los ecos de aquellas lejanas voces que ella había escuchado con sus ojos, en la infancia sin que nadie lograra borrarlas, porque la felicidad del olvido es la única que no se paga, en un mundo en el que se intenta borrar la memoria, uno en el que se ignora que no hay medicina para borrar los malos recuerdos.

Capítulo XI

De exportación

Figura 11: Título: De exportación.
         Autor: Joel López-Pérez (2015).
         Técnica: Óleo sobre tela.
         Medidas: 90 x 120 cm.
         Serie: Ojos bienaventurados.

11 De exportación

Del otro mundo

A veces, entre las bellezas naturales que nos regala la tranpantalla nos hacen llegar imágenes de otro mundo, uno tan lejano como los campos agrícolas de los países tropicales, que además de tener el orgullo de exportar el sol y el sudor, también exportan migrantes. Mientras los hijos de la calle, se ofertan en los mercados, ya sea a pedazos para ser utilizadas sus partes como reemplazo de las piezas que hacen falta a los que sí tienen casa, o también se ofertan enteros, para que puedan cubrir las emociones de quienes gustan saborear la sangre que emana de las alas mutiladas por las garras del patrón de los tiranos.

Y si alguno se escapa en sus primeros años, no hay problema, ya que mientras que la obesa figura de la señora "educación" se empeña en rascar donde no pica, el régimen reconoce la expulsión de los niños pobres por el sistema educativo bajo el nombre de "deserción escolar". Mientras tanto, los pobres patrones buscan quien los adopte para conservar su derecho a despedir al obrero sin indemnización, ni explicación, en una tendencia añeja que ahora recibe el nombre de flexibilización del mercado laboral o reformas a las leyes laborales que tienen por objetivo "generar empleos".

Cuando el terror hace que los hombres abandonen el miedo de dejar su tierra, ya no sólo por salvar sus cabezas, ahora tan sólo para escapar de la inanición, dispuestos a convertirse en desarraigados para poder conseguir un trozo de pan, trabajo y un rincón para dormir. Cuando se tiene un miedo reemplazado por otro miedo, el mismo miedo que se lleva a casi toda la gente de los pueblos. El miedo que inmemorial, nos mueve a cruzar los desiertos del mundo y los desiertos del alma.

Capítulo XII

SS

Figura 12: Título: SS.
Autor: Joel López-Pérez (2014).
Técnica: Óleo sobre tela.
Medidas: 65 x 110 cm.
Serie: Ojos bienaventurados.

12 SS

Milagro de la transmutación

"Y entonces llegaron ellos, los enviados de Su Santidad, ellos tenían la Biblia y nosotros teníamos la tierra. Y nos dijeron: "cierren los ojos y recen". Y cuando abrimos los ojos, ellos tenían la tierra y nosotros teníamos la Biblia"

(Desmond Tutu).

La creación es un delito cada vez menos frecuente. Durante la guerra (que nunca termina) algunos soldados se ponen creativos y aderezan sus dotaciones para engalanar sus "nobles" acciones. Pero el viento es travieso y suele descubrir lo que hay debajo de la capa y allí donde a veces se guardan algunos "elementos de disuasión" que podrían ser útiles si los que se ostentan en forma visible fallan, elementos de emergencia para utilizarse por si acaso alguna vez los dioses, pierden sus poderes, y se convierten en personitas nomás, por si algún día se desnuda lo oculto.

"Yo me imagino a Dios llorando al ver que una de sus iglesias se permite perder el tiempo acusando a los gay y a las lesbianas, mientras medio mundo pasa hambre y muere de SIDA"

(Desmond Tutu).

A las madres y abuelas de Plaza de Mayo les costaba cumplir con el santo sacramento de Curación, Reconciliación, Perdón y Penitencia, y esta falta a sus deberes religiosos se debía a que en ocasiones, una leve brisa movía la sotana y descubría las botas militares que usaba el nuevo capellán durante la última dictadura militar que imperó en Argentina (1976-1983).

Capítulo XIII

Queda la música

Figura 13: Título: Queda la música.

Autor: Joel López-Pérez (2015).

Técnica: Mixta Óleo sobre
            tela/Hoja de oro.

Medidas: 120 x 80 cm.

Serie: Ojos bienaventurados.

13 Queda la música

La música

"*Era un mago del arpa. En los llanos de Colombia, no había fiesta sin él. Para que la fiesta fuera fiesta, Mesé Figueredo tenía que estar allí, con sus dedos bailanderos que alegraban los aires y alborotaban las piernas. Una noche, en algún sendero perdido, lo asaltaron los ladrones. Iba Mesé Figueredo camino de una boda, a lomo de mula, en una mula él, en la otra el arpa, cuando unos ladrones se le echaron encima y lo molieron a golpes. Al día siguiente, alguien lo encontró. Estaba tirado en el camino, un trapo sucio de barro y sangre, más muerto que vivo. Y entonces aquella piltrafa dijo, con un resto de voz:*
-Se llevaron las mulas.
Y dijo:
-Y se llevaron el arpa.
Y tomó aliento y se rio:
-Pero no se llevaron la música"

(Galeano, 1998).

Capítulo XIV

Diálogo

Figua 14: Título: Diálogo.
Autor: Joel López-Pérez (2014).
Técnica: Óleo sobre tela.
Medidas: 80 x 90 cm.
Serie: Ojos bienaventurados.

14 Diálogo

En este mundo que se divide en indignos e indignados, se considera normal la sistemática guerra contra los pobres desde el mortal muro que separa a los que tienen hambre de los que tienen miedo (Galeano, 1992). Este miedo obliga al diálogo, un parlamento como el que tiene lugar en nuestra América, tal es el caso de Brasil donde por encargo de los comerciantes, los grupos de exterminio que asesinan niños indefensos por las noches, gustan llamarse de autodefensa.

Estos son solo resabios de antaño. Ya que desde el siglo dieciséis, algunos teólogos de la iglesia católica legitimaban la conquista de América en nombre del derecho a la comunicación. *Jus communicationis*: los conquistadores hablaban, los indios escuchaban. La guerra resultaba inevitable, y justa, cuando los indios se hacían los sordos. Su derecho a la comunicación consistía en el derecho de escuchar, obedecer y callar. A fines del siglo veinte, aquella violación de América todavía se llama "encuentro", mientras se sigue llamando "comunicación" al monólogo del poder.

Se sigue aplaudiendo los "procesos de transición" que antes se llamaban golpes de estado para instaurar una dictadura militar, a la vez que se promueve en la conciencia del individuo medio, a través de la tranpantalla el uso de "apremios legales" o lo que antes, en otro mundo se llamaba simple y llanamente tortura, y que es la forma de expresión de poder de las sociedades asimétricas, otros nombres que se han instaurado para este detalle lingüístico y a los que se hace campaña diariamente en la tranpantalla para inclinar su rápida aceptación por los televidentes, son los de "ligeras presiones físicas y psicológicas". Desde luego que hay razón para ello, porque se deben evitar las malas palabras o al menos colocarles un adjetivo que matice su intención como el de "presión física moderada" y cuando el asalariado encargado de ejercerla no puedo encontrar los límites del lenguaje, ya vendrá un superior que señale que la acción fue "lamentable" pero "necesaria" y se sabrá de un "daño colateral" más, aunque en programas de la tele-pantalla se reconozca que "La tortura no es recomendable, pero sirve para encontrar la verdad". Esa resonancia inspira a testaferros a mejorar su actuación, tal es el caso, por ejemplo de un policía mexicano famoso por su frase: "Si agarro a un Zeta lo trato como se debe hacer con un verdadero microbio social".

Los diarios, las radios y la televisión cuyos tentáculos abrazan nuestra Latinoamérica, con frecuencia definen a los delincuentes con un vocabulario que proviene de la medicina y de la zoología, las más usuales son: virus, cáncer, infección social, animales, alimañas, insectos, fieras salvajes y también pequeñas fieras cuando se trata de niños. Los aludidos son siempre pobres. Cuando no lo son, la noticia merece la primera página con encabezados como: *"Joven que murió robando".*

En un mundo donde los propietarios originales reciben migajas por su riqueza natural, a la mayor parte de los pueblos de México al igual que al "Macondo" de García Márquez pareciera como si Dios los hubiera declarado innecesarios o los hubiera echado al rincón donde están los pueblos que han dejado de prestar servicio a la creación, condenando a sus habitantes al olvido, a la no existencia, al "no ser".

Nahúm *"El que da consuelo"*

Nahúm es el nombre del joven de 15 años detenido y torturado en México en el siglo XXI, el crimen y motivo de su captura: su intento de regalar un libro. El mensaje confortador de su nombre podrá dar consuelo a quienes recibieron ese libro. De acuerdo con la información oficial, Nahúm y otro joven traían consigo 126 ejemplares del prohibido libro y lo repartían entre los transeúntes; fueron detenidos por distribuir literatura considerada como subversiva (Escobar, 2012). Los soldados que hicieron la detención desconocen que a los libros, ya no es necesario que los prohíba la policía: los prohíbe el precio, como también ocurre con las obras pictóricas. Esto que cuento no corresponde a los tiempos de la Santa Inquisición, pasó hace un par de años en Zihuatanejo, Guerrero, México, donde "luego de la detención de dos adolescentes uno de 15 y el otro de17 años que repartían libros, elementos del Ejército Mexicano decomisaron en la cancha de futbol de la colonia Darío Galeana en ese mismo municipio, perteneciente a la región de la Costa Grande del estado mexicano de Guerrero, más de 500 ejemplares de lectura considerada como subversiva" (Redacción, 2012). Mientras este diálogo continúa, los testaferros siguen propinando sus dentelladas de justicia en pos del *orden*, *"onradez" y ornato* para instaurar la paz y seguridad, cuando todos sabemos que no hay violencia más grande que la pobreza.

Capítulo XV

Valquiria

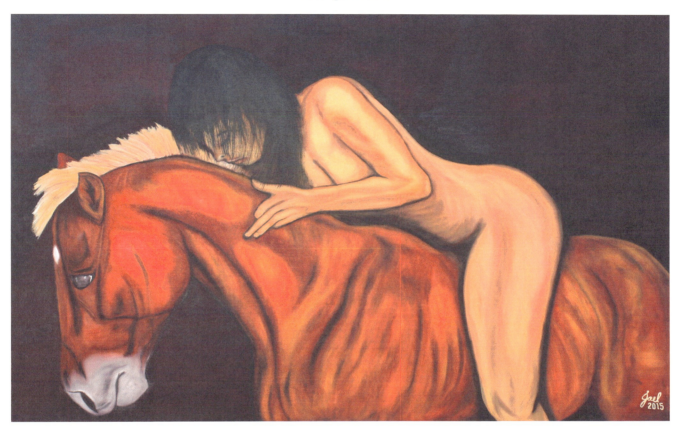

Figura 15: Título: Valquiria.
Autor: Joel López-Pérez (2015).
Técnica: Óleo sobre tela.
Medidas: 80 x 120cm.
Serie: Ojos bienaventurados.

15 Valquiria

Mientras las valquirias cabalgan al son de su música, un vocero de la dictadura militar Brasileña iniciada en la década de 1960 afirmaba que el amor libre es una táctica de guerra revolucionaria contra la civilización cristiana.

Valquiria

Brunilda, la Valkiria, la elegida.
Tú que tutelas la elección de los que parten:
Haz ese honor a los cien mil arrancados de nuestro suelo
en este principio de siglo tormentoso.
Protege a estos Segismundos heridos, despojados de todo.
Estos que entregan su sangre al insaciable señorío.
Ellos que vuelven color marrón los cielos con su sangre.
Búscalos para salvarlos de su muerte, abrázalos para hacerlos nacer.
No temas por ello a perder tu inmortalidad
Sigfrido siempre te encontrará
Y el amor los hará ser nuevos seres.
Valquiria por favor cura las heridas de los caídos,
aleja a la parca de sus caminos.
Cabalga hacia allá donde ellos se encuentran.
Tráelos a sus afligidas madres como un último consuelo
antes de que todos nos encontremos en las profundidades de la tumba.
Y vuelve a ser la amada que viaja dentro del caballero andante,
La que vive en el combatiente,

La que impulsa al guerrero,
Dale a éste el poder del fuego,
El orgullo del vencido,
La pasión por el camino,
La ingenuidad del adolescente.

Capítulo XVI

El juego

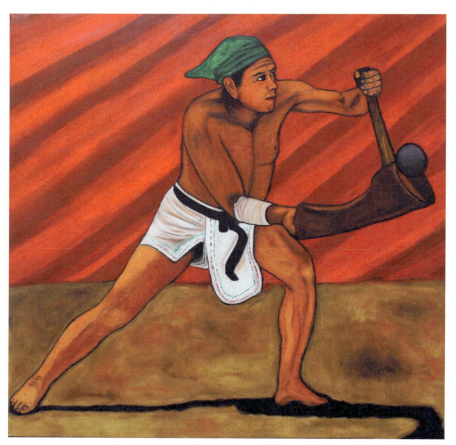

Figura 16: Título: El juego.
Autor: Joel López-Pérez (2015).
Técnica: Óleo sobre tela.
Medidas: 90 x 90 cm.
Serie: Ojos bienaventurados.

16 El juego

"Creer que el mundo sólo es como tú piensas es una estupidez, el mundo es un sitio misterioso. Sobre todo en el crepúsculo".

Carlos Castaneda

El juego de mi padre, travesura que dio origen al mundo, es el que me mueve, el que nos mueve, es el que nos hace ser. El juego de la vida, que es el juego del hombre me lleva a plasmar sobre estos trapos una serie de sensaciones, impresiones y símbolos que lejos de intentar una construcción intelectual, buscan el alivio a la tortura de una anhelada libertad, a una intención de acceder a lo prohibido, en el entendido que nada en este mundo es un regalo: todo cuanto haya que aprenderse debe aprenderse por el camino difícil. El sendero elegido, al igual que la tradición, toman su tiempo, ambos se forjan de la repetición, la repetición de los ciclos de la vida y de la muerte nos permiten entender que la vida y la muerte no son consecutivas, sino simultáneas e inseparables, en esta aparente repetición que nunca se repite, que en ningún tiempo es la misma es donde nace el juego del hombre y del juego nace la cultura, y ésta es la forma de vida del guerrero (Lopez-Pérez, 2007).

El hombre que intenta aprender, es un combatiente que va al encuentro del saber, de la misma manera como se va a la guerra: bien despierto, con miedo, con respeto y con absoluta confianza. Ir en cualquier otra forma al saber o a la guerra es un error, y quien lo cometa vivirá para lamentar sus pasos (Castaneda, 1968). Porque "El espíritu de un guerrero no está engranado para la entrega y la queja, ni para ganar o perder. El espíritu de un guerrero sólo está engranado para la lucha, y cada lucha es la última batalla del guerrero sobre la tierra. De ahí que el resultado le importa muy poco. Es su última batalla sobre la tierra, en ella el guerrero deja fluir su espíritu libre y claro. Y mientras libra su batalla, sabiendo que su voluntad es impecable, el guerrero ríe y ríe" (Castaneda, 1974). De esta manera el combatiente imprime a su última batalla el respeto que se merece. Es natural que su último acto sobre la tierra sea lo mejor de sí mismo. Así el juego es a muerte, es placentero y por ello le quita el filo al temor (Castaneda, 1972).

El juego de pelota es mucho más que la imitación del movimiento del curso del sol, la luna y la bóveda celeste, es una filosofía que se asocia con las guerras sagradas; la fertilidad; y los conflictos entre los hombres, que al final sólo es una manifestación libre y creativa que lleva a la práctica y a la continuidad, a través del tiempo, al juego por el juego mismo, que brota espontáneamente de él, antes que su propia cultura, porque el patrimonio de los pueblos son sus hombres y el patrimonio de los hombres son sus raíces. Se requiere cavar y tener luz para encontrar aquello que quedó en el pasado y que aun llevamos dentro. Esta alborada que como una chispa de lucidez es un intento de acercarse a la luz, esa incandescencia que dio el nombre a Lucifer, porque la iluminación a su vez es un don y es un castigo. Los hermanos *Hun-Hunahpú* y *Vucub-Hunahpú*, después de haber sido engañados y derrotados en el juego de pelota, por los señores del inframundo de los mayas, conocido como el *Xibalbá*, son sacrificados en la cancha de juego, y a unos de ellos se le corta la cabeza.

Al entrar al taste y al estar bajo la enramada de las fiestas yoremes nadie es enteramente humano, asombrosamente el misterio de la vida animal y vegetal se haya ungido en nuestras mentes, este espíritu nos ha reunido desde hace siglos, para coincidir en cualquier claro del monte sólo para hacer patente su manifestación, para interrelacionarnos a todos con todos y agradecer así los favores de quienes han depositado sus creencias en el espíritu del monte, el *Juyya Annia*. Aquí nos encontramos en franca armonía con nuestros hermanos: el venado, el coyote, el pascola y todos nosotros con nuestras múltiples transmutaciones humano-animal, embriagados por los más hermosos sonidos del *Juyya Annia*, surgidos de los instrumentos que pulsan los músico y las letras de los cantadores (Uriarte, 2003).

Capítulo XVII

Fascinación (Señuelo)

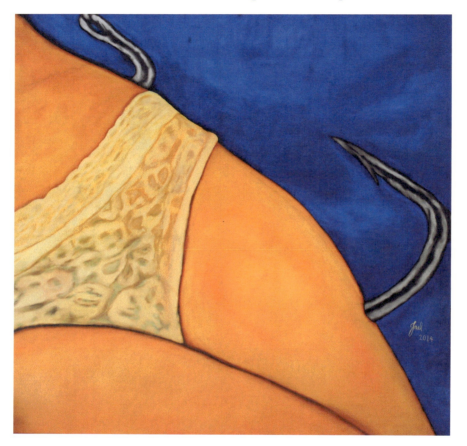

Figura 17: Título: Fascinación (Señuelo).
Autor: Joel López-Pérez (2014).
Técnica: Óleo sobre tela.
Medidas: 90 x 90 cm.
Serie: Ojos bienaventurados.

17 Fascinación (Señuelo)

Mi vida ha sido la de seguir un señuelo. Me fascina, me obliga a buscar en él un consuelo.

Capítulo XVIII

Concesión

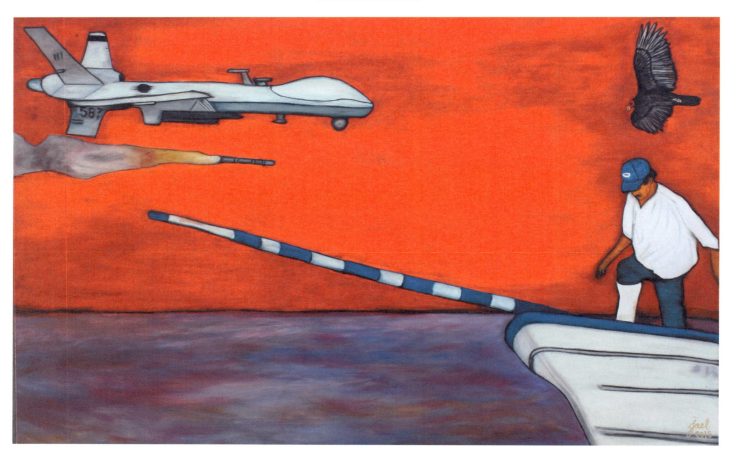

Figura 18:   Título: Concesión.
Autor: Joel López-Pérez (2015).
Técnica: Óleo sobre tela.
Medidas: 80 x 120 cm.
Serie: Ojos bienaventurados.

18 Concesión

Se llama "concesión" al ejercicio de Estado que arrebata el derecho de uso de sus recursos a sus legítimos propietarios para asignárselo a los acaudalados, so pena de muerte mediante ejecución extrajudicial o extralegal para quien reclame esta clase de "justicia social". Las ejecuciones extrajudiciales que según el derecho internacional humanitario, son un caso de grave violación a los derechos humanos que consiste en el homicidio de manera deliberada de una persona por parte de un servidor público que se apoya en la potestad de un Estado para justificar el crimen. En las aguas costeras del estado mexicano de Sinaloa cada año mueren más pescadores balaceados o atropellados por las barcazas de los marines, que los pescadores que resultan muertos por otros tipos de incidentes propios de este arduo oficio, cuya única culpa es buscar la forma de llevar algo de comer a las bocas de sus hijos. Se trata de ejecuciones extrajudiciales perpetradas por la desposeídos en uniforme que actúan contra otros desposeídos y en defensa de los propietarios de las embarcaciones de mayor calado que disfrutan de la concesión de los camarones de "alta mar", crustáceos que por decreto oficial pertenecen a los poderosos barqueros asociados con políticos. Pero todo se justifica en aras de su protección y por el establecimiento de "normas de seguridad para las embarcaciones pequeñas que utilizan los pescadores de las bahías" aunque todos los días se puede observar el arrastre de redes de los barcos camaroneros a unos cuantos metros de las playas de Sinaloa, incluso a unos metros de las desembocaduras de los ríos, algo ilegal para las normas de pesca internacionales.

Y por si alguien tiene dudas de la justicia social que impone el gobierno, el imperio anuncia como un gran logro, el uso de tecnología de guerra de última generación para seguir cometiendo estos crímenes de lesa humanidad (Bustamante, 2011). Mientras tanto, para evitar que alguien viole este "reparto", se invierte en tecnología de punta como el uso de vehículos aéreos no tripulados para "vigilar" y mantener a raya a quienes intenten apropiarse de lo que es suyo (Sánchez, 2013) mientras "La marina está cumpliendo su labor de inhibir la pesca furtiva" (Hernández, 2014, La-Policiaca, 2011, Línea-Directa-Portal, 2011).

Capítulo XIX

Desolación

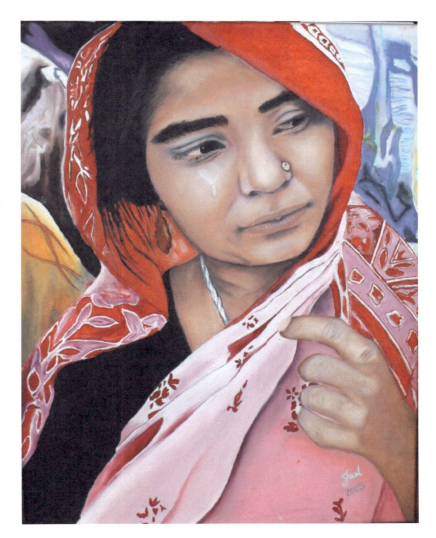

Figura 19: Título: Desolación.

Autor: Joel López-Pérez (2005).

Técnica: Óleo sobre tela.

Medidas: 50 x 40 cm.

Serie: Ojos bienaventurados.

19 Desolación

Más que una elegía, quisiera que este viaje fuera un himno a la belleza, una romanza al amor, un pasaje a la alegría, sin embargo, a nuestros ojos aún les falta mucho que ver para llegar a reconvertir este dialogo entre los indignos y los indignados y así, con lágrimas de sangre, con manos cantantes, con todo lo que permita lanzar la palabra, busquemos acabar con esta elegía interminable que llena de huérfanos y viudas el mundo, y que es menester de todos el atajarla.
¿Hasta cuándo la única compañía de los niños y las mujeres, sobre todo los más pobres tendrá que seguir siendo la desolación?

Capítulo XX

Aurora de la paz

Figura 20: Título: Aurora de la paz.
Autor: Joel López-Pérez (2015).
Técnica: Mixta: Óleo sobre tela/Hoja de oro
Medidas: 80 x 120 cm.
Serie: Ojos bienaventurados.

20 Aurora de la Paz

En este momento en nuestra américa, como en todo el orbe donde hay pobreza, cientos de mujeres desaparecen impunemente a manos de los testaferros del imperio y hasta ahora nuestra generación sigue callada, ¿qué hace falta para que esta generación estalle en un grito para demandar el dolor por sus hijas? que al igual que nuestros hijos son las fuerzas que nos hacen ser lo que somos.

Aurora de la Paz desapareció en 1976 y con ella la luz para sus hijos y la esperanza de muchos que siguen en su espera. Pero ella es sólo una de las cientos de esperadas. El amor mueve hasta al más dócil, ellas llenan de amor el mundo y hacen milagros de ternura que permiten la creación y con ella la multiplicación de lo bueno, de lo más humano que se convierte en divino.

De la paz...
Empecé a desnudarte lentamente
al susurro del canto del torrente imperturbable del río.
Así volamos envueltos en el dulce sonido de su corriente.
Las aves nos acompañaban mansamente
tú y yo cada vez más despacio,
cada vez más ardientes.
La hierba invitaba a pacer en ese instante,
mis manos se apresuraban a buscarte,
las flores se adelantaban a mirar nuestro destino,
o tal vez el desatino.
El futuro era nuestro

el dolor había cesado.
Y me entregué a ti decapitado.
Prefiero no tenerte para inventarte cada noche.
Como no te veo te estoy trazando a ciegas.
Al no tenerte te estoy ambicionando
Al estar tú ausente te sigo reinventando.
Mi camino estaba en claroscuro antes de tu luz.
Tu aura se manifestó y puso en él de nuevo la alborada.
Contigo pude ver de nuevo la aurora, que es el aura de nuestro mundo.
Si somos luz, la mía y la tuya se han encontrado.
Por el brillo que tú emanas mi corazón ha
dejado de temer a la oscuridad.
Por el calor que irradias ya no temo al frío de la soledad.
Mi anhelo se satisface con tu sonrisa.
Me colmas de paz cuando mi espíritu se encuentra desesperado.
Quiero tenerte, pero no logro retenerte.
Quiero hacerte y tú escapas de mi mente.

Referencias

ARANDA, J. 2010. Inaugura la Marina base en Michoacán; servirá de cuña para enfrentar el hampa. *La Jornada. Miércoles 27 de octubre de 2010*, p.16.

AVILÉS, K. 2013. Comerciantes de Tepito atacan a maestros; la CNTE culpa al gobierno de la agresión. *La Jornada. Viernes 18 de octubre de 2013*, p.10.

BUSTAMANTE, J. 2011. *Muere pescador embestido por la Marina en Sinaloa: Una embarcación de la Marina se impactó contra la panga de un pescador, provocando su muerte en aguas de Sinaloa.* [Online]. Culiacán Sinaloa: Azteca Noticias. Available: http://www.aztecanoticias.com.mx/notas/estados/71488/muere-pescador-embestido-por-la-marina-en-sinaloa [Accessed 24/05/2005].

CASTANEDA, C. 1968. *Las enseñanzas de don Juan (Una forma yaqui de conocimiento),* México, FCE.

CASTANEDA, C. 1972. Viaje a Ixtlán (Las lecciones de Don Juan). *Colección Popular.* 1 ed. México: FCE.

CASTANEDA, C. 1974. Una realidad aparte (Nuevas conversaciones con Don Juan). *Colección Popular.* 1 ed. México: FCE.

ESCOBAR, B. 2012. Detienen marinos a dos jóvenes que repartían libros del jefe de La Familia Michoacana en Zihuatanejo. *El Sur: Periódico de Guerrero. 5 de junio de 2012*.

GALEANO, E. 1992. *A pesar de los pesares*, Ediciones La cueva.

GALEANO, E. 1998. *Patas arriba: la escuela del mundo al revés*, Siglo XXI.

GALEANO, E. 2000. *El libro de los abrazos*, Siglo XXI.

GALEANO, E. 2004. *Bocas del tiempo*, Siglo XXI Editores S.A./ Ediciones del Chanchito.

HERNÁNDEZ, B. 2014. *Lamentan dirigentes muerte de pescador de El Huitussi* [Online]. Culiacán Sinaloa: Línea Directa Portal. Available: http://www.lineadirectaportal.com/publicacion. php?noticia=201811 [Accessed 24/05/2005].

HINDS, H. E. 1982. El Payo: Una solución popular a la lucha mexicana entre los robatierras y los descamisados. *Hispamérica,* 33-49.

LA-POLICIACA. 2011. *Muere pescador de La Reforma en enfrentamiento con Marinos* [Online]. Culiacán Sinaloa: La Policiaca - La Nota Roja De Mexico. Noticias de Mexico publicadas por admin el 11 de Sep, 2011. Available: http://www.lapoliciaca.com/nota-roja/muere-pescador-de-la-reforma-en-enfrentamiento-con-marinos/#comment-539525453 [Accessed 24/05/2005].

LÍNEA-DIRECTA-PORTAL. 2011. *Se manifiestan en Angostura familiares de pescador muerto contra la Marina* [Online]. Culiacán Sinaloa: Linea Directa Portal. Available: https://www.youtube.com/watch?v=OmKVOnc1zzY [Accessed 24/05/2005].

LOPEZ-PÉREZ, J. 2007. *El juego de pelota mesoamericano: Supervivencia de sus reglas,* Culiacán, Universidad Autónoma de Sinaloa.

NERUDA, P. 1977a. *Canción de gesta*, Editorial Seix Barral, SA.

NERUDA, P. 1977b. No me lo pidan. *Canción de gesta.* Editorial Seix Barral, SA.

ORWELL, G. 2009. *1984,* Barcelona:, Ediciones Destino.

REDACCIÓN. 2012. Decomisan libro de líder de La Familia Micoacana. *La Jornada. 6 de junio de 2012*, p.22.

REYES-PEREZ, J. F. 2014. *COMO ENDURECIDO SEÑUELO* [Online]. Latino Poemas. Available: http://www.latino-poemas.net/modules/publisher/article.php?storyid=15998 [Accessed 23/04/15 2015].

SÁNCHEZ, I. 2013. Dron detectará pescadores furtivos en Sinaloa. *La Jornada, 15 de septiembre de 2013*, p.16.

URIARTE, G. 2003. *Sinaloa Yoreme: Sus fiestas y danzas, entre el catolicismo y el Juyya Annia,* Culiacán, DIFOCUR.

URRUTIA. A. CARRIZALES, A. 2010. Al enfrentarse con criminales el Ejército, modestia aparte, siempre gana: Calderón. *La Jornada. Viernes 10 de septiembre de 2010*.